2021년 봄

한타원 주영희 드림

가문비나무가 연주하는 초록의 칸타빌레

가문비나무가 연주하는 초록의 칸타빌레
시산맥 기획시선 073

초판 1쇄 발행 | 2021년 06월 01일

지 은 이 | 주영희
펴 낸 이 | 문정영
펴 낸 곳 | 시산맥사
편집주간 | 김필영
편집위원 | 오현정 강수 정선
등록번호 | 제300-2013-12호
등록일자 | 2009년 4월 15일
주   소 | 03131 서울특별시 종로구 율곡로 6길 36,
           월드오피스텔 1102호
전   화 | 02-764-8722, 010-8894-8722
전자우편 | poemmtss@hanmail.net
시산맥카페 | http://cafe.daum.net/poemmtss

ISBN 979-11-6243-193-1 03810

값 10,000원

* 이 책은 전부 또는 일부 내용을 재사용하려면 반드시 저작권자와 시산맥사의 동의를 받아야 합니다.
* 이 책은 교보문고와 연계하여 전자북으로 발간되었습니다.
* 본문 페이지에서 한 연이 첫 번째 행에서 시작될 때에는 〈 표기를 합니다.
* 저자의 의도에 따라 작품의 보조 동사와 합성 명사는 띄어쓰기가 달라질 수 있습니다.

가문비나무가 연주하는 초록의 칸타빌레

주영희 시집

시인의 말

하오에 부는 바람
농현의 가락에 실린다.
내적 필연으로
말없이 하고 싶은 말 한 줄 뽑아
무당거미 집을 짓듯
유려한 집 한 채 세운다.

2021년 봄
능타원 주 영 희

■ 차례

1 부

세상에서 가장 큰 데시벨 _ 013
내, 별서정원에는 가문비나무가 산다 _ 014
흔적을 담다 _ 016
나무, 거울 속으로 발롱 _ 018
달 _ 021
진다리 붓 _ 022
벚꽃 엔딩 _ 024
Sunset _ 026
수련 _ 028
일기 _ 030
어느 날 별, 어느 날 버니Bunny _ 032
녹턴 _ 034
시간을 조각하다 _ 036
Yellow, Orange, Red, 그리고 _ 038

2부

봄, 선면화를 그리다 _ 045

물의 정원 _ 046

집으로 가는 계단 _ 048

파두의 눈물처럼 _ 050

굴뚝 _ 052

루비콘강 _ 054

살풀이 _ 056

날개를 접다 _ 058

모기장 _ 060

23.5°의 리듬 _ 062

곶자왈 _ 064

차 한 잔 _ 066

3 부

별이 빛나는 밤 _ 071

초록 눈의 집 _ 072

야쿠Yaku _ 074

걷는 사람들 _ 076

귀족 _ 078

문장들이 달에게 묻다 _ 080

현미경 속 세상도 가을단풍 들었네 _ 082

광장 _ 084

변신 _ 086

식탁 위에 의문이 살고 있다 _ 088

어머니의 화전 지지는 날 _ 090

자아 미생전 고향으로 가네 _ 092

겨울입구 _ 094

동백 그리고 쭈꾸미 _ 096

4 부

구름 _ 101
블랙 실크 _ 102
우체통 _ 103
가을, 청화 속으로 스며들다 _ 104
소쇄원 _ 106
장마 _ 108
그네 _ 110
그믐밤, 다리 위에 기울다 _ 112
병甁 _ 114
미궁 _ 116
꽃 _ 118
가을, 색을 물들이는 여자 _ 119
경주, 대지진 _ 120
진진묘 _ 122

■해설 | 김학중(시인) _ 125

1 부

세상에서 가장 큰 데시벨

엎질러질 조각들 슬픈 예감을 준다
열리지 않는 문 앞에서 늘 엎어지고
물고기의 부레처럼 우 - 우- 우는 날
상큼한 레모네이드 맛을 잊은 지도 오래다
일상을 흔들어 미끄러지는 뜨락으로
바람의 변주는 수시로 삶을 바꾸어 놓고
떠오른 생각들도 흰 구름처럼 흩어져 버린다
젖지 않기 위해 달린다
가장 큰 데시벨로 두드려보는 수많은 빌딩
문밖에서 목젖이 다 젖도록 벽을 향해 소리친다
자소서의 젊은 초상!

어깨에 내려앉은 차마고도 벼랑길을 견디며
오늘의 불안을 쓴 자화상의 기록!

내, 별서정원에는 가문비나무가 산다

'뜨거운' 칸딘스키 vs '차가운' 몬드리안'

완전 초록은 존재하는 색 중 가장 평온하다
칸딘스키의 말이다
반면, 몬드리안은 초록색을 극도로 싫어했다, 극과 극의 두 화가
빈 모더니즘에서 출발하여 거울뉴런을 통해 독일에서 활동한
칸딘스키의 추상화는 깊은 울림을 준다

초록을 좋아한 칸딘스키처럼
내, 정원에는 가문비나무 열 지어 산다
줄지어 늘어선 궁륭의 열주 속으로 들어가면
너의 곁가지들에서 나오는 첼로소리
저음으로 내는 바람의 멜로디가 진초록을 상승시킨다

문득 찾아오는 적막이 어둑할 때
가문비, 가문비 불러보면 비가 나린다
너의 이름 속에는 세상을 적시는 은유와
어떤 부재라도 흔적을 지워주는 물길이 들어 있다

〈
가뭄 끝에 오는 비 생각하면
무논에 물을 대는 농부의 써레질 소리가 화답할 것 같고
가문비, 이슬비, 안개비, 여우비

전해오는 구비의 기억을 더듬어보면
나뭇가지에 걸린 사연이 많다

가문비나무가 연주하는 초록의 칸타빌레
하늘계단을 오르는 나무의 등줄기가 고딕으로 상승한다
마음에도 길을 내주는 가문비나무
너의 줄기가 소실점 끝까지 초록이다

낙엽 속에 묻어 놓은 청라언덕을 찾아
먼 길 돌아온 칸딘스키가 사색에 잠긴다

* 김정운(문화심리학자)의 글 인용

흔적을 담다

여기 초라한 손이 있다

갈퀴처럼 구부러진 손등이 펼쳐져 있는
로스코의 드로잉화*

거칠고 지친 흔적들로
얼룩져 있다

가만히 생각해 보면 이 손도
탯줄에서 분리되는 두려움을 두 손안에
화인으로 새겨

무의식 저 너머에 간직하고

물음을 헤쳐 나왔을 터……

언제나 생각과 노동의 사이클이
기계적으로 일상을 새김질하는

손바닥을 들여다보면

〈
미로의 퍼즐처럼 생명의 연기縁起가
무채색의 밑그림으로 실금을 긋고 있다

어느 때인가
순결한 목화송이 멍울처럼 피어나기 전

세상모른 민 가슴 계집아이
미모사 꽃술 예민한 촉을 손에 쥐고 있었다

미투로 떠들썩한 세상의 약손과 악손을
곰곰이 생각해 보는 것이다

* 마크 로스코 : 20세기 미국의 초현실주의 화가

나무, 거울 속으로 발롱

붉은 홍시, 가을 해를 다 먹었다

바람은 나무를 흔들어 초현실의 세계로 떠나고
가을은 길 위에서 심장이 툭 떨어졌다

한 발짝 떨어져 거울에 투사되는 나무
겨울이 되어도 나이테를 궁굴리는 조각칼 멈출 수 없죠
지구의 자전은 계속되고 있어요

간결한 서체로 반듯하게 서 있는 나무

벽에 붙은 거울 그림을 좋아해요

숨겨왔던 로고를 밖으로 꺼내
이니셜 "TB"* 모노그램으로 외관을 포장해 놓은
명품거리를 지납니다

햇살을 스캔하는 거울 창을 밀치고
〈

한 걸음 더
나무의 물관 속으로 걸어가요

초록은 겹겹으로 정제되어
시원의 에너지로 저장되고

무의식의 흐름이, 산호색 채도 고풍스런 프로방스 골목길 따라
낮은 허밍으로 안단테, 안단테 풍으로 흘러갑니다

거울 속에는
다소 비감한 표정으로 마임에 열중하는 나무가 있네요

이 시점에서
이미지를 산세리프체로 수정해야겠어요

모던한 미니멀리즘으로 표현하는 하루
성큼성큼 런웨이를 걸어갈 발뒤꿈치를 늘여 놓아요
<

시린 어깨는 산호색 채도를 덧칠해야죠
지금은 매일이 심장의 무게가 가벼워지는 시간입니다

* 버버리 창립자인 Thomas Burberry에서 따온 이니셜

달

바르셀로나 포르트 벨 항구
바다 위에 떠 있는
파도모형 나무다리

출렁출렁 흔들리는 조각 상판 위로
또각또각 걷다가
상판 사이로 얼비치는
달의 얼굴을 밟았습니다

어머나!

놀란 밤바다
번져가는 파문 속에 달의 의상을 잠급니다

진다리 붓*

그가
붓의 등뼈로 올곧게 서려면
환생이 필요하다

골기 있는 문향을 풍기려면
그의 입술이 먹물과 조우해야 한다

먹물을 먹은 붓이 담백하고 정갈한 붓질 속에서
먹의 농담을 달리한 담채의 정취가 살아나고
선과 면과 점이 숨을 고르고 나면
여백의 진경산수가 펼쳐진다

깊은 심상으로 건져 올리는
매향이 묻어나고
소나무의 용트림이 살아난다

침잠하는 사유 속으로 흰 도포자락 펄럭이고
깊은 선정 끝에 한 송이 연꽃이 피어난다

그대는 결코

대쪽 같은 결기를 놓지 않는다

* 진다리 : 광주시 백운동의 옛 지명

벚꽃 엔딩

난 가만히 서 있습니다
생꽃이 지기 시작하는 시간 위에서

꽃잎 진 물결에 입을 맞추면
동심원이 파르르 지느러미를 흔들며 밀려난다
미끄러운 물속에는
흐릿해진 윤곽이 일렁거려 미간을 모으다

꽃 지는 마당을 건너가 빗장을 열었습니다

여기는 푸른 별에서의 칵테일파티

바람과 햇살 속에서
튀튀*를 입은 얼레지의 군무가 시작되고
 발레에서 본 실크와 오간자의 풍성함이 풍부한 행간을 선사합니다

 우주를 다 흔들 것처럼 첫울음으로 와 직립으로 일어서는 행보가
 우리의 정원을 가득 채울 때

생은, 알 수 없는 미지와 질문으로 가득했습니다

돌아보면 현호새 닉네임에도 치명적인 유혹은 있어
톡 쏘는 아픔도 하나쯤 담겨 있겠네요
손가락을 연두로 장식하는 곡우 무렵
지난 일들이 순간처럼 느껴진다

그림 속 사물들이 언젠가 꿈속에서 본 듯한 풍경
꽃이 지고 있네요
하르르 날리는 하얀 비명들이 붓끝에서 분분할 때
내 눈 속에 고여 있는 꽃물에 슬픔이 물들었습니다

* 발레리나 의상

Sunset

쓸쓸한 소리가 한 움큼 떨어진다
바람이 자주 몸을 뒤집었고
거친 비음과 혼탁한 소리 속에서
입동과 소설 사이라 했다

붉은 램프 등이 지평선 끝에서 활활 타올라
따뜻하고 감미로운 일몰의 시간도 조금씩 잘려 나갔다
그 시간 언제쯤인가
세상에 첫 소리를 내며 왔던가

문밖으로 옮기는 발걸음
머플러가 먼저 석류 빛 속으로 건너간다

빛이 시들기 시작할 무렵
봉은사 저녁 종소리가 긴 여운을 끌고 온다
수레국화는 이른 계절에 법륜을 굴리며 떠나고
몇 줄의 문장이 떠올랐다 사라진다

발자국들이 흘러드는 공원 앞을 지날 때

오브제처럼 매달린 담쟁이 잎이 반기는데
축제는 막이 내리고 에디트 피아프의 노래는 쓸쓸하다

명치끝이 시린 선홍빛 잎새
그렁그렁 눈길 속에 저 홀로 시린 자화상
발걸음을 따라온다
저녁에 찾아드는 새가 운다

수련

안개의 바다에 휩싸인 창밖은
짙은 농담農談으로 자욱하다

그 속에 부유하듯 젖어 있는
앙칼진 비바람에
삶은 몇 번이나 흔들렸을까?

오늘도 가고 있다
생의 끝자락으로 닿아 있는 길
알 수 없는 이 길을 지나오며
보르도의 샤토마고는 언제나 허밍허밍
마고의 붉은 입술은 거부할 수 없는 유혹의 계절
이다

초록의 대지를 지나고
오체투지로 떨어지는 유성우의 빗금처럼
묶은 것을 털어내고 비워내는 시기
수반 속 수련처럼 가벼워지기로 한다

물의 반사와 빛의 움직임에 따라

변화무쌍한 자연의 시각적인 인상이 나타나고
무심천에 떠 있는 수련
너는 고요하다

달마가 댓잎을 타고 북조로 간 이유를 궁굴리듯
너는 미동이 없다
말이 없는 침묵 속에 고요한 너를 보면
어리석은 사람의 마음에 풍경소리 도착한다

일기

햇살이 흔들어 눈뜨는 아침
얼굴이며 가슴까지 구들에 데워졌다
겨울이네
겨울이어서 포근하게 잠속에 들어 있었다

심야 음악프로와 연애하는 밤과
덤덤한 일상이 자주 함박눈 속에 녹아들었다

지나간 시간들이 뜻 모를 그리움을 남기며
단하의 마음을 적셨다
시간의 고리에 깊어진 흔적들이 행간에 촘촘했다

"한 줄의 시를 쓰기 위해서는 때가 오기를 기다려야 한다"는데*
그 뜻밖의 만남이 쉽지 않다

삶 속에서
보이는 것과 내면의 자아가 충돌할 때
사유의 공간 속으로 침잠한다
〈

그 속에서 거울처럼 투명해질 때
내 속에 나를 보는 눈이 생긴다
담백한 구도 속에서
서로를 닮아 비추고 있음을 알겠다
데칼코마니처럼, 나는

조화롭게 생을 가꾸려 새처럼 펄럭였을까

 * 릴케(말테의 수기) 인용

어느 날 별, 어느 날 버니Bunny*

일상이 사라지는 시간
낮이 낮 같지 않고 밤이 밤 같지 않아
백야 같은 백색공포가 지구촌을 휩쓸고 있다

5월의 상트페테르부르크 백야에서
몽환의 시간을 헤집어 어둠을 찾는 고양이처럼
코로나 19는 너무 큰 재앙이다

여기가 어디인가
문득 인생의 덧없음이 상처가 될 때
저마다 헛헛한 마음을 외줄 뜨기 한다

도망가자, 어디든 가자 궁리하고 둘러봐도
출구는 없다
바이러스는 창궐하고 숨죽여 수동적인 삶 속에
기단부터 흔들리는 바벨탑,

할 일 없이 리모컨을 달고 살며
TV 속 앵커의 입을 주시하는데
추리소설의 목록에도 없는 일상이 되었다

〈
여전히 푸른 별의 굴렁쇠는 돌아가는데
해가 뜨고 밤이 오지만
여전히 낮은 낮 같지 않고 밤은 밤 같지 않아서
저마다 몸과 마음을 사리고 하늘만 본다
하여
어느 날 별, 어느 날 버니

* Bunny : 애니메이션 캐릭터, 인용

녹턴

후드득 창이 운다
떨어지는 빗소리에 설핏 잠 깨는 시간

공간을 훑고 가는 소리에
무연의 슬픔이 묻어 있다

어둠을 적시는 시간
마음결은 겹겹으로 번지듯 건반을 두드리고
너를 만날 때, 때로는 모호하게 흔들리는
새벽 3시의 멜랑콜리

채곡채곡 구름 사이 쌓아 놓았을 문장들이
서럽지도 않은데 서러운 물방울 두드림 같다
창을 스치고 곤두박질치는 내 안의 비까지
천 개의 바람으로 자유로운 몸짓으로

씻김을 하듯 떨어진다

세상의 수많은 곡절들이
습기 찬 구름의 계보 속으로 발목을 적시는 시간

〈
가자미눈을 뜨고 몰리는 생각들이 줄줄이
새들처럼 날아간다
시간은 동쪽으로 방향을 돌리는 중이다

시간을 조각하다

깊고 어두웠던 불면의 밤,
칠흑 같은 한 생을 무대에 올릴 적당한 시간이에요
무슨 꿈을 꾸고 있어요?

어둠 속에서 창백해진 창은 수척한 시간을 조각
하고 있어요

밖을 보는 눈빛과 들여다보는 눈빛은 서로가
낯설지 않겠어?

창의 안과 밖
시간이 단단해지는 새벽으로
바람은 낯선 언어를 풀어내요

차가워질수록 더욱 단단해지는 나

침묵 속에 엉킨 서리꽃
예리한 칼날처럼 등뼈를 세우며
투명한 예각으로 무늬를 조각해요
〈

비단실로 엮어낸 새하얀 레이스 같죠

거울의 방처럼 순백으로 장식되며
환상의 벽화로 남을 거예요

Yellow, Orange, Red*, 그리고

추상 표현주의의 거장
마크 로스크

공간이 주는 정적과 대형 캠퍼스의 여백에서
비워 논 화면이 상징하는 알 수 없는 메시지가 화두를 던진다
사고의 체계가 잠시 흔들린다 충격이다

전시실에는 다양한 색의 윤슬이 흐르고 있고
캠퍼스를 채운 여백이 수평 끝까지 펼쳐져 있다

대형 캠퍼스에 형상이 사라진 회화,
이 새로운 사조가 얼마나 놀라운 발상인지
문자 없는 책을 펼친 것 같다

형체가 없는 것은 모든 것의 시작과 끝이다
그 본질을 추구하는 로스코의 영성이 가득한 세계가
정재 되고 순화된 하얀 백지 같다
〈

고요히 마주 서 응시하는
시선 속으로 심연의 색이 담淡을 이루고

지극히 간결하고 심미적인 그림에서 현실에 있는
모든 군더더기를 에어낸 세련洗練**의 경지를 보는 듯하다

색의 농담에 따라 전해지는 느낌이
따뜻함과 차가움, 평온함, 우울과 불안,
또는 블랙이 주는 절대고독이 파란을 일으키고
시선을 끌어당긴다

검정, 빨강, 노랑, 색이 번지는 추상화면
화면 속으로 몰입되고 공감하며 마음을 순화시킨다

로스코는 휴스턴에
침묵과 명상의 공간인 로스코 채플을 남겼다
누구라도 이곳에서 미술을 통한 영적 체험을 하는 것이다
〈

서울전시 중에도 로스코 채플이 재현되었는데
초현실적인 추상작가의 방에서
동양의 선 체험을 하는 색다른 시간이었다

많은 기록을 남긴 그의 작품 세계를 보면
비극, 황홀경, 파멸 등의 주제로 이어졌으며
후기로 가면서 그의 추상화면은 점점 크고 어두워졌다
그리고 그의 생은 비극으로 마감되었다

* 로스코의 대표작 제목 : 2013년 뉴욕 크리스티 경매에서
  968억에 낙찰됨 현재 최고액임
** 정신용의 글 인용

2 부

봄, 선면화를* 그리다

물이 스민 계절은 부풀어 오르고
매화나무 가지에 휘파람새 운다
계절을 향해 비상하는
붉은 해

길쌈하듯 색의 조도를 조율한다

색의 깊이는 빛에서 나오는 것
그리움이 한껏 부피를 키운 듯
천지가 붉은 신열을 앓고 있다

봄의 능선에서
손에 든 부채는 훈풍을 일으키고
휘몰아 구비치는 목울대에

사랑가 한 소절로 취하는 절창

몽환적인 선면화 속으로
꽃과 색을 이끌어 들어간다

* 선면화 : 부채에 그리는 그림

물의 정원

부감법으로 앵글을 작동하는 오지 중의 오지
아프리카

자유로운 시선 속으로 결핍된 적막이 번져
또 다른 행성으로 순간 이동한 듯 착각이 든다

물의 정원에 하늘이 내려앉은 듯
북대서양의 물줄기가 흘리고 간 섬 속의 작은 웅덩이들
목마른 태양이
어느 야수파 화가의 팔레트를 풀어 놓은 듯
농담 짙은 색으로 가득 차 있다

담고 있는 물색이
라임과 인디고블루 민트와 사프란의 커튼처럼 찰랑거리며
바다와 사막 사이에서 비경을 연출한다

저 담겨 있는 물색의 암호가 궁금하다
〈

이 풍경은 아무도 의도하지 않았지
문명의 손길도 외면당한 곳
자연은 저 스스로 갖가지 유기물질과
바닷물이 침전된 결정체에서
맛의 중심을 잡아주는 묘미를 탄생시킨다

깡마른 여인들이 머리에 수건을 두르고
갯벌소금 채취와는 다르게 소금을 걸러낸다

소금의 결정체는 하얀 메밀꽃 확 뿌려 놓은 수채화 한 폭이다

이들은 누대를 내려오며 익숙한 노동으로
생명을 이어왔다
깊은 밤 바오바브나무가 별의 눈물을 닦아주는
긴 시간 동안

집으로 가는 계단

상자의 틀을 고집하는
너의 내면은
직립으로 일어서는 근육으로 차 있지

집으로 가는 계단은
직진으로
방사형으로 미로의 탄력을 얻는다

숫자들이 명패가 되는

101동, 103동, 108동
벽 사이 음각으로 잠겨 있는 비밀들이 심심해지는
흰 뼈대의 입

허공에서 낭창낭창 사다리가 이파리처럼 흔들린다

주름주름 흠결 굳어가는 부동의 자세로
창을 달고
밤새워 슥삭슥삭
얼굴을 닦는 일

〈
회분장 짙은 얼굴
부딪쳐서 깨질 감정을 억누르고

시간 깊숙이 파고드는 근육의 돌기들이
묵언으로 각을 세우는
너를 찾아가는 길

파두의 눈물처럼
- 호카곶 가는 길

몽환의 시간을 타고 넘는 아침
무채색의 적막은 감정 없이 흘러가고
규칙적으로 들려오는 엔진 소리가
희뿌연 길 위로 흩어진다

무한으로 펼쳐진 올리브농장과 코르크나무 숲이
짙푸른 잠언의 침묵 속에 잠겨 있고
축축하게 젖어 있는 젖소와 양들이
기도하는 성자처럼 지나친다

차창에 빗살무늬로 떨어지는 빗줄기
놀란 눈망울로 떨어지며
반복적으로 음표를 그린다

음울한 선율이 무반주 파두음으로 흘러간다

절규하듯 소리 내어
바다에서 돌아오지 않는 사랑을 노래하는
파디스타
〈

검은 드레스, 검은 눈동자, 어두운 노래
빗물이 그녀의 눈물이 되어 떨어진다
침묵은 동굴처럼 깊어지고
하얀 악보는 반복적으로 유리창에 되새김한다

파디스타의 수많은 애환이 잠긴 바다
포르투갈 대항해 시대에 영광을 되새기며
오늘도 호카곶 등대의 불빛은
대서양의 끝, 태평양의 시작점을 알리고 있다

굴뚝

창밖으로
높고 낮은 빌딩들이 촘촘하게 중첩되는 전경

냉기로 가득 찬 허공으로
질량의 가벼움이 연민처럼 흩어지는 하얀 연기

잠에서 깨어난
먼데 풍경이 창 안으로 들어온다
우뚝우뚝 솟아 있는 빌딩의 굴뚝에서
몽환적인 하얀 연기가 피어오른다
높이 솟아야만 길이 있다는 듯
무중력의 연기가 여러 얼굴을 그리고 있다

도시의 겨울 아침은
굴뚝에서 뿜어 나오는 묵언 같다

무장무장 솟구치는 수중기의 전언을 촉수 맑은 눈으로 접수한다

외경의 겨울 산들과

테헤란로 빌딩 사이로
겹쳐지는 생각들이 벽돌처럼 무겁고

붓으로 그릴 수 없는 여백은 적막으로 가득하다
사람 하나 없는 신 새벽
차분히 가라앉은 회색빛 아침공기를 밀쳐두는 시간
어느새 창가에 붉은 빛살이 퍼지고 있다

하얀 나비의 환영들이
날개를 펄럭이며 아침 햇살 속으로 몰려가고 있다

루비콘 강

꽃이 지고 있다
떨어진 꽃잎 한 장에도 우주의 기운이 다복하다
굴뚝새가 눈보라 속으로 날아간* 어머니의 뒤란에서는
착한 안부조차 받을 인적이 끊어져 있다

당신께서 걸어오신 길
더 이상 걸어갈 수 없다는 세상의 끝
우수아이아로 가는 길

산마루턱 넘어오는 천 개의 바람으로 걸어왔다
맨드라미 붉은 한숨 둥글게 말아 비손하며 걸어온 길,
살아 있는 동안 저토록 펄럭이는 몸부림이
허공에 걸린 빈 그늘 같구나

내게도 비켜 갈 수 없는 시간의 수레바퀴
때때로 고향집 기억이 나를 두드린다

수묵화로 우뚝 솟은 진악산 아래

어머니의 두레상에서 조잘대던 새소리들
슬며시 내 방에 모기장을 걸어 놓으시던 나의 아버지
그 사랑이 꿈길에서도 따뜻하다

초동시절
누렇게 익어가는 보리밭 사이로 타박타박 걸어, 큰 다리둑길 걸어
어쩌다 아버지 도시락 들고 걸어가던 길
심심해진 내 어깨에 내린 햇살에 하얀 나비 발맞추며 날았지

오늘도 그날처럼 화창한 봄
어머니 좋아하시는 봄꽃이 지천인데
생사를 가를 수 없는 호흡이 메마르다

붉은 하늘 저쪽 까마귀 날고
넘실대는 강물 소리 목울음 울고 있다

* 최승호

살풀이

음의 파장을 더듬거리는 나비
구음으로 흐르는
가락은 단조로 청을 높인다

맑고 처연한 소리가 몽유의 골짜기를 돌아
진성과 가성을 오가며 굿거리장단 질펀하고
주름진 미로를 벗어나
갓 우화한 나비가 비상을 탐색한다

잔상으로 남아 있는 젖은 날개의 문양
소담한 달빛 파장을 뚫고
흰 수건에 무늬를 시침하는 날개
기억된 율동의 입자가 춤을 추며 헤적인다

붉은 목청으로 장단을 어르고 달래는 춤이
치마 자락 새벽이슬 치듯 가만가만
보드라운 가락으로 조였다 풀어내며
하얗게 울다 하얗게 웃는다

흰 버선코 보일 듯 말 듯 살풋한 발놀림

명주수건 사르륵 허공으로 던지며
춤이 춤 속에서 가락의 하구를 돌아
출렁거리며 너에게로 간다

우화의 날갯짓 눈부시게
우주의 파동 속으로 활공한다

날개를 접다

해지기 직전 수화기 넘어 전해오는
가슴 먹먹한 소식
순간 미동하지 않고 멍하니 창밖을 지켜본다

거실 유리창 넘어 빛의 반사가 눈부시다

정일을 마감하는 붉은 노을이
무역센터 유리벽에 석류즙, 핏빛으로 몸을 풀고 있다

도깨비불처럼 번쩍번쩍 산란하는 빛의 알갱이들

현란한 퍼커션 연주자의 손놀림처럼
진홍색 피톨들이 사방으로 튀며
4차원의 세계로 몰입시킨다

육신을 벗어난 영혼의 절규가 있다면
저런 모습,
저런 빛깔일까?
〈

창밖에는 봄내음이 푸르다
연두는 녹유의 유리빛으로 반짝이고
이팝나무 줄기마다 하얀 이밥을 소복소복 담고 있는데
오랜 친구는
이생의 문밖으로 건너갔다

노을, 저 붉은 아가미 핏빛 울음이다

아니, 황홀하도록 처연한 유희다

어둠이 박쥐처럼 날개를 펼쳐온다
나는 잠시 노을 속 출렁이는 감정을 추스르며 일어선다
생은, 아주 작은 날개를 퍼덕거리다
날개를 접는다

모기장*

소년이 모기장 안에 누워 있다
검은 필선으로 절제된 단순미는
선의 경지에 닿은 듯 어떤 초월성을 느낀다

화면은 무채색에 가까운 채도로 검박하고
모기장을 표현하는 사각만 유독 검은색으로 둘러치고 있다
사방이 고요한 밤은 검다

집 속의 집, 방 속의 방,
장방형 사각이 초점을 방바닥으로 집중시키는 구도 속에
엄지손가락 한 마디의 작은 소년이 시선을 끌어당긴다

마당 한켠에 큰 팽나무 잎새가 무성한 집이었다
밤이면 훤히 비치는 그물망에 들어가기 싫어
모기장 밖에서 작은 숨을 몰아쉬던
여섯 살 무렵,
방 속의 방, 검은 실루엣으로 몸을 누이는

나팔꽃처럼 몸을 웅크리는 여린 아이였다

그림 속 소년이 흰 동공을 크게 뜨고
해맑은 미소와 팔베개로 허공을 응시한다
작은 화폭 속에서 선재동자 천진미소를 본다

* 장욱진 화백의 작품

23.5°의 리듬

항상 지구의 반대편은 상상 이상이지

겨울은 봄의 뿌리를 단단하게 하는 계절

이쪽에 봄이 오면 저 너머 반대쪽은 다른 세상이 펼쳐지고
우주의 기운은 음과 양의 대립각으로 흘러간다

삶이 다양한 것 같지만
서로가 보고 싶은 것만 보고
생각의 폭도 자신이 아는 울타리를 넘지 못한다

23.5° 신비의 기울기 속에는 우리가 느끼지 못하는
에너지의 파장이 리듬이 되고

우리도 그 리듬에 몸을 맡기고 흘러간다

알 수 없는 기운 속에
꽃이 피고 낙엽이 진다

영원할 것 같던 우리의 생도 언젠가는
무로 돌아가 자연의 일부가 될 것이다

곶자왈

 마음을 훔치는 것은 화사하게 터지는 봄꽃만은 아니어서
 나는 자주 숲으로 들어가 아무 생각 없이 걷는다

 고개 들어 걸음을 멈춘 눈길이 우뚝 솟아 허공을 흔드는 숲 소리에 머물고
 고요히 있으나 스스로 살아가는 숲은 빛과 리듬이 있는 그대로
 풍경이 된다

 별이 빗소리처럼 쏟아지는 곶자왈,
 매일 같은 곳에서 매일 다른 것을 느낀다
 기운이 성성하게 선듯선듯 스치듯, 흘러가는 소리가 떼창으로 수런거리며

 떨고 있는 냉기는 여전하고 무한 상승하며 공간을 흔들고 있는
 소리의 용트림 속으로, 깨끗해진 영혼이 승천한다

 물빛처럼 자주 흔들리던 한 시절, 뒤척이는 생각

의 파문이
　가슴으로 수수 수 – 소리를 넘어 잘게 부서진다

　한 계절을 보내고 쓸쓸한 소리로 가득한
　선흘리 곶자왈에서 엉클어진 가지들이 손을 뻗어
　냉기로 가득한 손끝을 후후 불고 있다

　남아 있는 것들은 또 그때와 같은 리듬으로
　스스로 존재하고 스스로를 품어주며
　곶자왈 나무들이 소리치고 있다

차 한 잔

하늘이 회색빛이다
아침부터 왼쪽으로 기울어진 거리도 젖어 있다

반가운 손님처럼 허공에 눈꽃 소란스런 날
수미산 비천이 주렴을 내렸을까요?
잃어버린 기억 속에 정당매 꽃등 밝히셨나요?

누군가 그리울 땐 꽃송이도 성급하게 달려오나 보다
세상의 경계와 사물을 다 지우며
허공을 유영하는 찰나의 몽유

봄으로 가는 2월의 길목에서 펄펄 날리는 눈꽃
입술이 차다

문득
라보카* 거리에선 관능의 몸짓으로 춤추는 탱고
스텝, 스텝
맹렬히 떼 지어 달려오는 이 눈꽃처럼
부에노스아이레스는 붉은 노을처럼 불타고 있겠지

달집 태워 묵은 기운도 털어내고 덧문도 열었다

난 분분 매창 열어놓고 기다리는데
쏟아지는 눈꽃세상은 말이 없다
오늘 같은 날
속정 깊은 사람과 차 한 잔 그리운 날이에요

* 아르헨티나 탱고 발생지

3부

별이 빛나는 밤*

아를의 밤은 푸르다
멀리 출렁이는 별빛
교회의 첨탑 위로 별빛이 소용돌이친다
마을은 어둠 속에 잠긴다

밀밭 사이로
울렁울렁 사이프러스나무가 손을 흔든다
파수꾼처럼 고독한 사이프러스길

낮은 언덕
밤하늘에 노랗게 별이 익어간다
압셍트에 취한 별빛이 따뜻하게 가슴을 연다
불꽃처럼 터지며 빙글빙글
고독한 보헤미안의 눈빛도 출렁인다

출렁거린다
거칠게 덧칠한다
붓끝에서 퍼지는 소용돌이
노랑 파랑 고리로 뒤엉키는 수심들

* 반고흐

초록 눈의 집*

허공에 걸쳐 있는 검은 눈
농장 지붕 위에서 동공이 커진다
농장의 풀밭을 내려다본다
염소젖을 짜는 여인을 바라본다

눈동자 속에서 흑요석이 반짝이고
노란 초승달,
야금야금 제 살을 갉아 먹으며
샤갈의 눈동자를 복제한다

오두막과 축사가 비스듬하게
중심을 허물며 초록 속으로 뒤섞인다

사물을 비추는 시간이
낮과 밤 사이로 모호해지고
수호신의 눈동자가 현현한다

젖어 든 물색이
푸른 이끼처럼 연기처럼 번져간다
오두막을 바라보는 눈동자

마당에서 놀라 달아나는 닭과
오리의 하얀 깃털 속으로 스며든다

부풀어 오른 젖을 짜는 여인에게
염소가 흰 이빨을 드러내고
쏟아지는 푸른빛이
우유통 속에서 출렁인다

지켜보는 눈동자가 고요하다

* 샤갈

야쿠 Yaku*

투명해

두근거리는 네 심장이 다 보여
너를 보면 환상 같다고 할까
시선을 환상과 착각으로 끌고 가
좀 더 냉정하게 접근해 보지만
앙증스런 여덟 개의 갈퀴발이 지구 밖에서 온 암호 같다

투명한 몸체, 등에 찍힌 녹색 반점 하나
화려한 아르누보 양식의 브로치를 내 심장 위쪽에 달아 둔다

유리개구리
사억 오천만 년의 지구를 생각해
활화산과 빙하가 공존하는 땅
아이슬란드 빙하의 연대기를 연상해

야쿠
아마존 밀림에서 천천히 흐르는 깨끗한 물이 너

의 모천
　손톱만 한 2cm의 몸,
　빙하기 영장류가 먼 시간의 잠을 깨고 나온 거니
　그래서 얼음 같은 순수로 다 보여주는 거니
　레이스처럼 한 점 눈물로 흐르는 물방울처럼

　다 보여, 두근거리는 너의
　피부 가슴 배 벌떡거리는 투명한 심장
　흰 필선으로 그린 힘줄까지

　답답할 때 버선목을 뒤집어 보이고 싶다는데
　세상에, 오염에 물들기 싫어하는 네가
　거기 아마존에 살고 있구나
　온몸을 훤히 보여주는 빙하의 눈물 같은 야쿠

＊ 아마존에서 발견된 신종 유리개구릿과의 학명

걷는 사람들*

  이제 곧 겨울이 들 것이다
  물기 가득 찬 주말의 거리에서 분주한 사람들이
  마지막 한 장 남은 달력 속으로 몰려간다

  한층 순해진 햇살이
  팥배나무 열매 익어가는 능선 너머로 사라지는 시간

  생동감 있게 혹은 무표정한 모습으로
  오피의 대형미디어 캠퍼스* 속에 발자국소리 요란하다

  타임스퀘어 광장에서 대서양을 넘어 피커딜리 대로까지
  레이첼광장에서 그랑프리광장으로
  산마르코 광장의 회랑을 돌아
  지구본을 돌리듯 걷고 걷는다

  멤피스에 잠든 파라오의 잠을 깨운다
  우주시대의 로봇인간을 작동시킨다

감정을 잃은 동작들이 느릿느릿
광장에서 사열식을 하듯 전진한다

퇴근길 광화문 광장에서 도시의 소음을 뒤로하고
화면 속의 군상들이 밀려오고 밀려간다
비가 오고 질척해지는 거리의 풍경과는 무관하게
이집트 벽화 속의 동작으로 걸어간다

빌딩에서 쏟아져 나온 사람들이
오피의 박제된 군상들과 뒤섞인다

표정 없이 발바닥의 촉각만으로 뜨거나 흔들리며
구두와 운동화가 뒤섞인다
빗방울이 따라간다
사람들이 아는 듯 모르는 듯 스쳐 지나간다

* 줄리앤 오피의 작품(영국의 현대 미술가)

귀족*

직사각형의 면
검은색이 배경이다

어떤 빛 어떤 소리도 닿지 않는
심해의 눈빛이 형형하다

반듯한 이마가 자체 발광한다
음영이 짙은 미간 사이로
귀족의 기품과 냉소의 감정이 숨어 있다

반듯한 콧날이 길다
입술을 덮은 콧수염이 근엄한 분위기를 연출하고
정면을 응시하는 눈동자는 허공으로 침잠한다

흰 레이스에 싸인 두 귀가 부전나비 같다

얼굴을 얹은 목이 길다
어깨에 걸친 검은색 망토가
그를 상승시킨다
〈

손에 잡은 검이 길다
검의 손잡이가 길다
손가락이 길고 섬세하다
가슴에 얹은 손이 심장소리를 듣는다

* 엘 그레꼬의 초상화

문장들이 달에게 묻다*

소통하고 싶은 거야?
어둠이 내린다
주위가 고요해진다

상현달 날카로운 눈썹이 창을 뚫고 들어온다
창을 열자 시원한 공기가
책을 어루만진다

무슨 말을 하는 거야?
책이 무거운 입으로 갈피를 넘긴다
달빛과 바람이 부드럽게 문장 속에 섞인다

책이 달에게 묻는다
너는 어디서 날아왔니?
은하수를 건널 때 젖은 몸이
축축하구나
유성우가 우는 소리 들어봤니?
책 속에서 문장들이 한 줄로 서서 우주의 궁금증을
묻는다
〈

창문은 가슴을 활짝 열었다
달이 빙긋 떠 있다
밤은 깊다

* 보르헤스 - 루나 중에서

현미경 속 세상도 가을 단풍 들었네
- 니콘 현미경 사진대회 2016 스몰월드전

미생물의 세계
렌즈의 투명한 거울 속에서 알 수 없는 꿈틀거림이 있다
자작 안무한 춤사위의 너울거림과
촉각을 세우고 반복되는 수신호가 경이롭다
자신들의 몸과 신경체계가 사람을 위하여
생명과학과 독성실험 연구용이라는 것을
이 형형색색의 미물들은 알 수 없다
붉은 산호색 나무모양의 점균류 단세포도
복어처럼 얼굴을 부풀리고 가면의 얼굴을 한 빨간 제프라 피시도
얼룩뱀 모양의 황금빛 머리를 내미는 에스프레소 커피의 결정체도

크고 작은 구형으로 가장자리를 가시 털로 장식한 물방개 수컷의 앞발과
주술사의 장신구처럼 화려한 물방개의 외형은
브라질 삼바축제에 나와 몸을 흔드는 무용수와 같다
인간 배아줄기 세포로부터 자라난 꽃모양의 초기 신경세포는

신비한 바다 색깔을 띠고 우아하게 흔들고 있다
현미경 속에 펼쳐진 기묘한 생명체
사람들이 속단하는 미생물에 대한 부정적인 생각을
반전시키는 현상이다

지구촌에서 생존하는 모든 것들
우리는 서로가 유기적인 관계 속에서 살고 있음을
또 다른 아름다운 세상 속에서 본다

광장*

군상이 걸어간다
인체의 본질에 닿기 위해
타의적인 메스가 가해진
섬뜩한 형상의 입상

볼록한 젖가슴이 절개되었다
본질의 줄기를 찾았을까?

조각칼이 엉덩이를, 둔치를
예리한 절제는 죽음의 공포를 느낀다
존재와 본질 사이에서 흔들리는 내적 불안
인체의 균형이 파괴되었다

입상들이 광장으로 걸어간다
광장은 불안처럼 검은색이 깔리고
짙은 회색빛 하늘은 배경도 없이
광장 위쪽으로
무채색의 감정처럼 뻗어 있다

부조리한 해체

몸통, 팔다리에 뼈대만 걸친 모습
극한의 추상화된 입상들이 걷는다
걸음걸이에 리듬감이 살아난다

* 자코메티

변신*

그레고리,
창에 불빛이 흘러내립니다
양철판을 두드리는 빗방울 소리가
망치 소리로 들립니다

등가죽 갑옷이 딱딱해지고
수십 개의 팔다리가 허우적댑니다
파충류의 가죽을 뒤집어쓰고
내가 꿈틀거립니다

저 빌어먹을 옷장 위에서
1초도 쉬지 않고 째깍거리고 있는 자명종

시간이 나를 옥죄입니다
시간과 시간 사이를 아슬아슬 건너갑니다

낯선 시간과의 대면은
늘 나를 움츠려들게 합니다
현실은 생의 빚을 청산할 때까지
캄캄한 길을 가야 합니다

빛에 쫓기며 장롱 뒤에서 쳇바퀴 돌리듯 달립니다
장롱 밑으로 벽 틈으로
늪 속처럼 허우적거립니다
더듬이를 번쩍 다시 가는 겁니다

* 카프카

식탁 위에 의문이 살고 있다

흑과 백의 대칭
식탁을 보면 너무 깨끗해
귀가 고요해진다
귀가 무기력해진다
단단한 벽은 말을 삼키고
하얀 식탁보 위
접시에는 음식이 없다
포크와 나이프가 나란히 누워 있다
빈 술잔과 술병이 식탁을 내려다보는 정경
정물이 적막을 흘리고 있다

동공이 커지는 눈
접시 위에 떠 오른 눈빛이 수상하다
팬케익이 외눈을 뜨고 있을 때
한숨 쉬는 구멍 속에서 의문이 자란다
잃어버린 눈 하나가 생각을 한쪽으로 기울인다
고요는 천장과 벽 사이에 침묵을 삼키고
벽 속으로 질투를 저장한다
해독되지 못한 문장들이 의문부호로 빗장을 건다

실눈을 뜨는 블라인드 창밖을 탐색한다
외눈의 시선이 흔들리고 있다

어머니의 화전 지지는 날

도란도란 이웃들과 만들던 음식
기억 속의 내 어머니
화전 지지는 날은 웃음꽃도 함박 핀다

불린 찹쌀을 곱게 가루로 내리고
붉은 맨드라미, 치자, 시금치를 우려내어

분홍, 노랑, 파랑, 하얀색으로 익반죽을 한다
소로, 박을 녹두를 거피하여 삶고
밤도 삶아 동글동글 밤톨만 하게 뭉쳐 놓는다

고명에 쓸
붉은 대추는 돌려 깎기로 오린 후 젖은 수건을 덮어놓고
껍질을 간 생밤과 물에 불린
까만 석이버섯도 돌돌 말아 가늘게 채 친다
철에 기름을 두르고 지지직 소리가 나면
색색으로 물들인 새알만 한 찹쌀 경단을
납작하게 펴가며 소를 올려
반달 모양으로 지져낸다

〈
철 앞에서 두 분 아주머니가 지져내고
어머니는 지져낸 화전에 꿀을 듬뿍 바른 후
채 썰어 놓은 삼색고명을 골고루 뿌려
윤기 나는 남원목기 찬합에 차곡차곡 담는다

교자상이 환하다
쫀득하고 달콤하니 고명의 맛과 어우러져
꿀맛처럼 진미다
접시에 활짝 핀 꽃판을 허물기 싫어
먹기도 아까웠던 화전이다

자아 미생전 고향으로 가네
- 서울 추모공원을 다녀와서

상두소리, 요령소리
어두워진 창 누대에 걸친 생의 고통
슬픔의 깊이를 내 놓네

자꾸만 뒤돌아보는 미련
애착 탐착 인연의 굴레 발목을 잡고
가지 마오 내 사랑, 핏빛 목 울림
전도몽상 되는 업력의 수레 갈 길을 막아서네

아가리 쩍 벌린 저 화구 너울대는 화염불꽃
소신공양을 기다리고 있네
한 생의 통곡이 절규하며 산화되어 가네

날 시퍼런 작두 타는 만신
경중경중 허공을 뛰며 혼령을 위로하네
열두 자 하얀 무명 띠 가르며, 소천의
반야용선 띄우네
혼불 고이 모신 반야용선 어이 어이 어디로 가나
〈

흔들흔들 검은 강 건너가기 나는 싫소
사자의 서* 긴 동굴 속을 헤매기도 싫다네
유는 무로 무는 유로 윤회의 길도 벗어나고 싶어라

불의 제의는 끝나고
삶도 죽음도 뛰어넘어, 참 열반의 길을 찾아가네
학의 날개 타고 훨훨 날아가겠네
자아 미생전 고향 찾아
멀고 먼 행성, 은하가 흩뿌려진 저곳까지

* 티벳 고승이 쓴 사후세계에 대한 고서

겨울 입구

계절의 뒷모습을 오래도록 배웅하고 싶은 날

미련 없이 버려야만 겨울을 견딜 수 있는
나무를 생각한다
적당히 짐을 풀고 한가로이 걷는 들길
산마을은 더욱 깊숙이 진중한 입속으로 생각을 몰아가고
무채색으로 옷을 갈아입는 자연은
수확하다 만 가을 무 웃등 같은 쓸쓸함으로 가만가만 다가와
돌무지 흙무지 밭두렁 같은 것들을 토닥여 주고 있다
섬광처럼, 애틋하고 그리운 시간이 다시 온다면 기다리는 것은
어리석은 일일 수도
사사로운 욕심마저 조촐해지는 마음이다
가는 계절의 뒷모습처럼 문장은 멀리 있고
서성이며 멍 때리는 시간은 지나 서리 맞은 파 줄기가
제풀에 주저앉았다

내려놓지 못하는 그 무엇이 걸음을 멈칫거리나
저녁 빛으로 물드는 연못은 무중력으로 암막을 치는 중이다
저만치에서는 마을 사람이 전정을 마친 솔가지
청솔을 태우는 솔향이 낮게 퍼져 밀려온다
솔향기 흙내음 속 소소한 하루
겨울 산중에 더욱 두드러지는 능선들이 겹겹으로 펼쳐져 있다
산중의 능선이 묵언으로 겨울을 지나는 중이다

동백, 그리고 쭈꾸미

이를테면
이제 막 어둠이 가시는 새벽 속으로
버드나무 눈빛을 비비며
○○ 여행사
광고판 속으로 달려가는 것은
하루의 드라마가 기다리고 있기 때문이다

동백, 그리고 쭈꾸미
두런두런 먼저 도착한 사람들 속에 섞인다
출렁다리에서 봄을 낚는 웃음소리
야생화 식물원을 걷고

애벌레 같은 갯버들의 가느다란 촉수
막 싹을 틔우는 어린 연두,
지열을 밀어 올리며 여기저기 팡팡 터트리는
생기로운 기운, 큰 숨으로 갈비뼈 사이에 채운다
등에 멘 백팩 안에 실려 오는 바람과
풋풋한 땅의 숨소리를 채집한다

샛노란 수선화 손 나팔소리 생기롭다

윤슬처럼 반짝이는 동백 이파리에 엽서를 쓴다
붉은 동백, 붉은 웃음 실실 흘리고
산길 따라 걷는 귓속으로 새 소리가 날아든다

마량리 동백정,
하늘과 이마를 맞대는 먼바다
푸른 솔섬을 치고 돌아오는 파도가
하얀 포말로 부서진다

어두워진 도로 위에서
숙성될 기억의 무게가 백팩 속에서 소곤거린다

4 부

구름

만행 떠나는 행자승
휘적휘적
팔소매 펄럭이며 간다

무색무취로 떠도는 행장
그냥
흘러가다 멈추는 곳이 집이 된다

모였다 흩어졌다
가던 길 지치면
면벽 수도승의 자세로 입정삼매에 든다

일심을 모으니 고요적적하다
적적 속에 텅 비어 있으니
나의 실체 또한 없음이다

채우고 비워내면 푸른 하늘이다

블랙 실크

김발 위에 푸른 파도를 펼쳐놓는다
철석 철석 ~
만조와 간조 사이로 부지런히 북을 다루는 솜씨
해풍을 실어 검은 비단 한 필 엮어냈다

너는
모잼이 헤엄으로 팔을 휘저으며
비릿한 해풍 속에 속살을 채웠지

소풍 가는 날
동심 한가운데로 뛰어들었던 너

검은 짐승처럼
등을 둥글게 구부려 오색무지개를 말아 줄 때

비로소
김밥이라는 이름을 얻었다

환영처럼 나는
바다를 한 입 삼켰다

우체통

간절곶
해 마루 언덕에
내가 나에게 보내는
우체통 하나 있다
저마다 이루고 싶은 소원 하나 적어
기도하듯
보내는 편지 한 장
사람들의 희망을 먹은 우체통은
키가 크다 배도 불렀다
눈 시린 동해
우체통의 마당은 넓기도 하지
수평선 저 멀리
하늘 끝까지
배달하기 바쁜 하루
수신된 편지가 파도와 교신 중이다

가을, 청화 속으로 스며들다

청화백자
창화 속으로 스며든다

푸른 코발트색 진한 농담
붓 자국 선명한 도자기에
명징한 가을 하늘이 펼쳐져 있다

푸른 청화에 타종한다

댕그렁 종소리
은은하게 여울지는 맥놀이
내 안을 적시고 스며들어
둥실 피안의 세계로 흘러간다

넓은 여백의 담담한 창공으로
청학은 하얀 날개를 펼친다

시간의 강을 느리게 궁굴리고
비상하는 하얀 날갯짓

맑은 선염으로 탈속한 듯
고요는

고요 속으로 흐르고 있다

소쇄원

하얀 가르마의 길
어릿어릿 햇살이 만드는 무늬를 밟고
대숲으로 들어간다

누정문학의 터전을 이룬
대쪽 같은 선비의 별서정원

대봉대와 애양단을 지나 오곡문
돌담 아래로 흐르는 폭포소리
귀를 상큼하게 씻어준다

계류에 걸친 외나무다리 건너
광풍각과 제월당
학의 날개처럼 펼쳐져 있다

개울물 소리를 듣는 선비의 방*
광풍각 마루에 걸터앉아
계류 이쪽저쪽으로 펼쳐진 별서정원의
푸른 잔영을 붓질한다
<

울울창창 대숲이 초록 물소리로 흔들리고
가사문학의 면면이 혼불이 되고
노을빛 곱게 물든 석류꽃 너머
폭포소리, 대숲소리 고요를 관통한다

* 침계문방 : 하서 김인후

장마

저 수직의 끝없는 몸짓
누구의 비명인가
백척간두 몸을 던져 울고 있구나

어둑한 벽장문을 누가 열었을까
시렁 위 해묵은 자서전, 연민처럼
눅눅해진 기억을 쏟아낸다

한 생을 비손하신 수백, 수천 가지의 염원
아니, 여물어 가는 자식들 품어 안고
등불처럼 기다려 주시던 어머니
손등에 실금처럼 잔주름만 늘었다

어쩌다 인연의 끈은 이어졌고

한 번도 가본 적 없는 길에
내쉰 한숨이 얼마일까

사는 일은 견디는 것이라고
붉은 문장 꽝꽝 찍으며 여미던 빗장

허공에 실타래 풀려 내리듯
한 사흘 꺼이꺼이 목젖을 들썩인다

그네

그날, 햇살은 눈부시고 숨결은 새순처럼 보드라웠지
영덕 인량 마을 느티나무 고택과
오래 묵은 고샅길은 수묵화처럼 고요했다

한적한 마을길
무리 지어 걸어가는 사람들
잠겨 있는 시간을 흔들어 놓는다

회관 앞에서
코끝을 자극하며 향을 뿌리고 있는 수수꽃다리
보랏빛 곰실거리는 꽃숭어리는 푸르던 꿈

한낮
봄빛을 긴 줄에 친친 감고 서 있는 그네
활처럼 등이 휘어지며 바람을 차고 나간다

하늘 위로 날아올라
홍살문 불천위 모신 솟을대문에 솟아오르고
종갓댁 안마당에 자색꽃잎 모란이 흥건하다

<
　　발판을 굴러 봄이 오고
　　봄이 가고
　　기억 속으로 날아간, 쪽빛 갑사치마 어린 꿈 만
난다

그믐밤, 다리 위에 기울다

어둠 속에서 흰 등뼈를 드러내는 월령교
강줄기 허파를 가로지른다
저녁 메뉴
헛제삿밥으로 식사를 마친 사람들
다리 나무 데크에 발바닥을 찍으며 걸어간다

가끔 실눈을 뜨고 반짝이는 물비늘
어둠 속으로 몰려가고

꽃이 떨어진 벗나무 잎사귀 검은
우비처럼 늘어서 있다

동요를 합창하며 걷다가
'오빠 생각'을 부르다가

흰머리 성글어진 머리카락
검게 물들여주는 저녁에 취해서
검버섯 주름진 얼굴들이 희게 웃는다

어깨동무, 초동친구

시간의 벽을 허물며 강물처럼 풀어진다
다시 돌아올 시간, 없을지라도
바보같이 찔레꽃 하얀 기억 다북 안고
흘러가는 강물 위에서 흥얼거리듯 노래를 부른다

달콤 쌉쌀하게 저녁이 기울고 있다
개밥바래기 하늘을 지키는 밤
늦은 봄날이 간다

병 瓶

목이 긴 여인
투명한 피부로 생각에 잠겨 있다

조명은 희미하고
유리가 덮고 있는 넓은 탁자
미인의 자태를 탐색한다

침묵을 삼키는 갈색의 육감
어깨선을 타고 흐르는 매끈한 자태,
그녀는 품안에 냉정과 열정을 품고 있다

친밀한 언어와 낯선 낱말들이
밀도 높은 감정들과 뒤섞이며
공간 사이로 부풀어 오른다

그녀가 목을 기울여
하얀 거품놀이에 열중할 때

헝클어지는 입속의 혀*
〈

붉은 석류꽃 툭툭 떨어진다

* 기형도 시인의 시 인용

미궁*

회색 늘보가 내 등에 착 달라붙어
제 몸집을 불린다
초록은 지평을 넓혀가고
찔레꽃 창포꽃도 떨어져 흩어진다

북쪽 어두운 곳에서는 규제의 안전핀을 터트리고
이유 없는 분노조절 증후군은 무기를 함부로 휘두른다

샛강 위 마을에서는 여전히 악새들의 지저귐만 무성하고
홍수처럼 흘러 다니는 말속에 무기력해지는 나날
표피 밑으로 발화와 잠적을 연출하는 두드러기 증세

감각의 회로는 헝클어진다
벌집을 쑤시는 듯 욱신거리는 신경줄
한 계절이 소란스럽게 지나가는 사이
몸집만 키운 나무늘보가 되어 증세가 심해진다
〈

안개 속으로 널브러지는 무력증,
날개를 잃은 채 미궁으로 빠져든다
그 속에는 어두운 그림자의 일렁임이
현의 울림으로 흔들리고 있다

* 황병기의 가야금 연주곡

꽃

눈 딱 감고 빗장을 연다
햇살과 공기와 바람과 최적의 온도를 맞춘다

테두리를 뾰족하게 혹은 구부려
경계를 구분 짓고
색색의 향기를 덧바른다

아, 어쩜 좋아
꼭꼭 숨겨두었던 푸른 아랫도리
비로소 자궁의 문이 활짝 열렸다
햇살이 얼굴을 붉힌다

깊은 곳으로부터 뇌살의 향기가
사방으로 퍼져나간다
꽃판의 중지에 의기양양한 꽃술의 자태
나비와 벌을 유혹한다

꽃 판에 처박은 나비의 더듬이
취해 비틀거린다
세상 꽃들의 아우성 그들만의 생존기법이다

가을, 색을 물들이는 여자

색을 입는 여자 풀무를 돌리며
활활 불을 지피고 있다

가을이 태운 저 붉은 정점
번져가는 슬픔의 연대
흥건한 눈물이 된다

가지에 생명의 물길
떨켜가 생겨 모태를 떠나는 시간
생의 정점에서 찬란한 슬픔으로
작별의 그늘 속으로

채도를 높이는 단단풍의 손길
원경으로 수채화를 그린다

돌담길 가을비 흩어지고
에둘러 돌아가고 싶은 나날
젖은 땅으로 붉은색 흥건한
생의 마침표가 흩어진다

경주 대 지진

만파식적,
옥저 소리가 감포 앞바다에 다급하게 울려 퍼진다
감은사의 동종을 울려라
백성들이여 양산 단층이 위험하다

지진은 북북동 - 남남서 수직단층
수평으로 엇나가는 주향이동 단층에서 발생했다

저녁시간
기와지붕은 기러기 날개처럼 펼쳐 있고
고색창연한 도시의 하루를
마무리하던 사람들
한순간, 천지를 진동하는 환란 속으로 빠져
어찌할 바 모르고 거리로 내몰렸다

천년의 혼이 담긴 역사가, 문화재가
꽃처럼 펼쳐져 있는 땅이 흔들리고
다보여래의 석탑은 기우뚱 기울었다
영지의 윤슬에 어른거리던 탑
우르릉 땅이 토해내는 비명에 잠긴다

〈
무너져 내리는 기왓장, 삶의 터전도 헝클어지고
거리로 내몰린 가슴도 무너져 내린다
발밑을 흔드는 공포의 떨림

땅 밑, 불덩이는 지각판을 끌고 다닌다

만파식적
널리 널리 퍼져 나가라
삼화령 애기부처 천진한 웃음
찾을 때까지

진진묘[*]

오래전 전시에서 만났던 그림 한 점
제목이 예사롭지 않았고 잠시 제목에 집중했었다
작품을 감상할 때 직감으로 느껴지는 촉이 있는데
그림 속에서 연상되는 뜻이 무얼까 몰입하였다
분명 아내의 불교식 법명 같은데
그림 속 인물에서 관음보살상이 느껴졌다
옅은 명도와 채도 속에서 깊은 사유의 정취가 묻어나는
작은 인물상,
기존의 관음보살도에서 보는 도상을 모두 생략하고
천진스런 아이가 표현한 듯, 그림은
지극히 단순하고 모던하게 표현되었다
화폭 속에서 느껴지는 엄정한 듯 고요하고
마음 깊은 심상으로 표현된 여인이
작은 보관을 머리에 얹고
원피스 차림의 보살로 현현하신 진진묘,
굴곡진 마음의 결을 경전에 묻고
평생을 자비심과 연민으로 지켜봐 주던 아내,
화가의 마음속에는
진진묘가 관음보살이다

타원형의 흐릿한 광배 속에서
깊은 사유의 화백만큼이나 담담히 서 있는 여인
오랜 시간 후에도 그림 속 진진묘는 천진스럽다

* 장옥진 화백

해설

매끄러움의 바깥에서 시작하는 노래

김학중(시인)

 현대는 매끄러움의 시대다. 좋아요와 싫어요, 만족과 불만족의 감각으로 현대는 균일화된다. 이러한 균일화는 디지털 데이터로의 전환으로 급속하게 일어난다. 우리의 일상은 이러한 투명성을 타임라인으로 하는 디지털 플랫폼에 주체들을 참여시키는 것으로 완성된다. 모든 주체들은 투명한 데이터의 단말기로 현대의 매끄러움을 지탱하는 존재가 된다. 한병철은 이러한 신자유주의와 디지털이 야기한 이러한 문제에 대해서『피로사회』를 비롯하여『투명사회』,『에로스와 정치』,『아름다움의 구원』등에서 지속적으로 비판해왔다. 그가 이러한 신자유주의 비판을 수행한 이유는 궁극적으로 신자유주의가 주체와 타자와의 관계를 제거하는 것을 통해 인간의 주체의 가능성을 훼손한다고 보았기 때문이다. 타자성은 주체가 동일화하지 못하는 그러한 특성으로 인해 주체의 가능성을 여는 존재다. 이러한 타자성이 추방될 때 주체는 더 이상 주체로 기능하지 못한다.

현대가 지닌 이러한 위험성은 주체가 가능성의 지평인 바깥으로 향하는 것을 가로막는다. 바깥은 우리에게 가능성의 지평이면서 고통과 수난의 가능성을 동시에 환기하는 지평이다. 그러나 주체의 몸에 대한 기록을 비롯한 모든 것이 디지털로 전환되는 지금 여기에서 그러한 바깥은 더 이상 가능성의 지평이 아니다. 여기에서 바깥은 단지 디지털 신호가 수신되지 않는 곳이 된다. 기술적 발전으로 인한 플랫폼 인터페이스의 발전은 우리에게 길을 찾아가는 네비게이션 플랫폼을 제공해주지만 놀랍게도 방향상실의 감각을 선사한다. 디지털 시대의 인간들은 거리에서 방향상실을 경험한다. 우리는 매끄러운 길 위에서 돌아갈 곳 없이 서성인다. 스스로의 방향성을 내면화할 수 있는 타자성을 이미 잃어버렸기 때문이다.

그렇다면 추방된 타자성을 회복시키는 방법은 없는가? 유발 하라리는 자신의 피부 아래 신체의 내부의 운동마저 데이터화하는 현대의 기술에 대항하기 위해 자기의 감각을 수련할 것을 제안한다. 주체의 내면성의 회복을 우리 신체의 감각의 지평에서 시작해야 한다고 본 것이다. 이러한 감각을 통해 우리는 타자화된 자기의 내면성을 지켜낼 수 있고 마지막까지 디지털화되지 않는 장소를 찾을 수 있을 것이라고 보았다. 디지털화에 끝까지 저항하면서 주체의 장소로 남을 지평은 그런 점에서 여전히 주체의 자리이다. 그 자리는 우리가 집을 떠나 모험을 하고 모험을 마치기 위해 집으로 돌아오는 거대한 귀향서사의 결말이 가리키는 것과 같다. 존재의 집을 찾기 위한 모험의 과정을 회복하는 것 그것이 주체의 자리를 밝히는 방법이다. 그리고 이 방법의 최전선에 시 쓰기가 있다.

주영희 시인의 신작시집 『가문비나무가 연주하는 초록의 칸타빌레』은 현대의 매끄러움에 상처를 내는 언어로 주체의 자리를 찾아가려는 시도로 가득하다. 오늘날의 시가 현대인들의 방향상실을 재현하듯이 의미의 자리에 자리 잡지 못하고 유동하는 언어들로 매끄러운 언어의 배치를 통한 유희를 추구한다면 주영희는 그러한 시적 흐름과 거리를 두고 매끄러움에 저항한다. 이 저항을 위해 주영희는 시의 지평에 유려한 시적 리듬에 균열을 가하는 호명과 외침의 순간들을 기입한다. 리듬과 리듬 사이에 균열을 일으키면서 그 균열을 전체적으로 조망하려고 시도한다. 이 시도들을 위해 주영희는 다양한 화가들의 회화들을 시적 영토에 불러온다. 이러한 작업을 통해 주체를 균일화하고 우리의 내면성을 제거하는 현대성에 저항하는 시의 가능성을 확장하려고 시도한다. 주영희의 시들은 매끄러움의 바깥에서 다시 시의 시작을 노래하는 것이다.

매끄러움에 대한 비판적 시선은 대표적인 현대 미술가인 줄리안 오피의 작품 「걷는 사람들」을 다룬 시에서 압축적으로 나타나고 있다. 오피는 전통적인 회화의 재현적 기틀인 캔버스가 아니라 현대의 매끄러움을 대표하는 디지털 디스플레이를 적극적으로 활용하여 창작하는 경향을 보인다. 매끄러운 화면 속에서 재현되는 현대인들은 우리가 거리에서 쉽게 마주할 수 있는 분주한 발걸음으로 거리를 활보하는 군중들이다. 그들의 발걸음은 방향이 없지만 군중을 이루고 있으며 그로 인해 생동감을 지닌다. 그들은 매끄러운 윤곽선으로 둘러싸인 모습으로 나타난다. 그들은 스치면서도 흔적으로 남기지 않는다. 현대인들은 매끄러운 윤곽으로 이루어진 텅 빈 존재들로 우리에게 어떠한 영감도 주지 못한 채 흩어진다. 주영희는 이러한 오피의 작업에 균열을 일으키는 것을 통해 우리의 삶이 매끄러운 윤곽에 "박제"되었고 우리의 삶이 위기에 처해있음을 보여준다.

    이제 곧 겨울이 들 것이다
    물기 가득 찬 주말의 거리에서 분주한 사람들이
    마지막 한 장 남은 달력 속으로 몰려간다

    한층 순해진 햇살이
    팥배나무 열매 익어가는 능선 너머로 사라지는 시간

    생동감 있게 혹은 무표정한 모습으로
    오피의 대형미디어 캠퍼스 속에 발자국소리 요란하다

    타임스퀘어 광장에서 대서양을 넘어 피커딜리 대로까지
    레이첼광장에서 그랑프리광장으로
    산마르코 광장의 회랑을 돌아
    지구본을 돌리듯 걷고 걷는다

멤피스에 잠든 파라오의 잠을 깨운다
우주시대의 로봇인간을 작동시킨다
감정을 잃은 동작들이 느릿느릿
광장에서 사열식을 하듯 전진한다

퇴근길 광화문 광장에서 도시의 소음을 뒤로하고
화면 속의 군상들이 밀려오고 밀려간다
비가 오고 질척해지는 거리의 풍경과는 무관하게
이집트 벽화 속의 동작으로 걸어간다

빌딩에서 쏟아져 나온 사람들이
오피의 박제된 군상들과 뒤섞인다

표정 없이 발바닥의 촉각만으로 뛰거나 흔들리며
구두와 운동화가 뒤섞인다
빗방울이 따라간다
사람들이 아는 듯 모르는 듯 스쳐 지나간다
—「걷는 사람들」 전문

    시의 첫 연에서 주체는 우리에게 계절감을 제시하면서 도시의 주말 분주한 거리로 우리를 이끈다. 주체는 이들이 "마지막 한 장 남은 달력 속으로 몰려간다"고 묘사한다. 이 묘사는 연말의 풍경에 대해 언급하면서도 우리가 마주하고 있는 위기의 순간, 즉 존재의 끄트머리의 순간을 암시한다. 우리의 걸음은 주체적으로 어딘가를 향하는 것인 듯하지만 그 주체성은 곧 결여되어 있음이 드러난다. 왜냐하면 우리들이 들어가는 "달력"은 곧 오피가 재현하는 군중들의 모습이 재현되는 디지털 디스플레이와 겹쳐지기 때문이다. "오피의 대형미디어 캠퍼스 속에 발자국소리"의 요란함은 "타임스퀘어 광장에서 대서양을 넘어 피커딜리 대로까지/레이첼광장에서 그랑프리광장으로/산마르코 광장의 회랑을 돌아/지구본을 돌리듯 걷고 걷는" 모습으로 우리 앞에 도착한다. 이 모습은 "감정을 잃은 동작들"이다. 이 동작들은 그 동작을 이루는 매끄러움의 특성이 반복적으로 드러난 것이다. "퇴근길 광화문 광장에서 도시의 소음을 뒤로하고/화면 속의 군상들이 밀려오고 밀려간다"는 진술은 그것을 강조하고 있는 것이다. 시의 초반에 전경화되었던 오피의 군중들은 우리 자신과 구분되지 않는 지점으로 우리를 이끈다. 이제 우리는 오피의 군중과 뒤섞인다. "빌딩에서 쏟아져 나온 사람들이/오피의 박제된 군상들과 뒤섞인다"는 진술이 그것을 보여준다.

그러나 주체는 그 뒤섞임 속에서 매끄러움으로 그대로 흘러 들어가지 않는 장면을 삽입한다. 이를 통해 주체는 매끄러움에 그늘을 드리운다. 그 그늘을 통해 매끄러움에 주체의 자리를 각인한다. 매끄러움은 우리의 감각을 통해 얻는 만족감과 친연하다. 그중 촉감은 매끄러움을 돋보이게 하는 감각이다. 주체는 그 매끄러움의 감각이 어떻게 우리를 끌어당기는지 표현한다. "표정 없이 발바닥의 촉각만으로 뛰거나 흔들리며/구두와 운동화가 뒤섞인다"에 그것이 함의되어 있다. 이 뒤섞임은 혼란이나 혼동이 아니라 매끄러움으로 미끄러져 가는 운동이다. 그 운동은 운동이면서도 텅 비어 있음을 드러내는 운동의 "정물"이다. 그런데 여기에 주체의 자리에 그늘을 만드는 "빗방울"이 언급되면서 매끄러움에는 얼룩이 생긴다. 이 "빗방울"은 그대로 떨어져 거리에 고이는 "빗방울"이 아니라 주체의 미끄러짐을 따라가며 흔적을 남기는 "빗방울"이다. 그래서 "빗방울이 따라간"다고 표현하고 있는 것이다. 때문에 "빗방울"은 매끄러움의 "정물"에 흔적을 남기는 것을 통해 우리에게 운동을 되돌려준다.

이러한 얼룩이 남기는 것은 무엇일까? 이 얼룩들을

추적해가며 읽기 위해서는 주영희의 시가 우리 앞에 현시하는 언어들의 참조점들을 경유해야 한다. 주영희의 시에서 이 경유지들은 흔적이다. 때로 균열의 조각이며 파편들이 남기는 순간의 흔적 같은 것이다. 이 흔적들은 현대의 디지털 데이터들의 바깥에 있는 얼룩들이다. 그 흔적들은 데이터들이 그러하듯 매끄러운 경로를 제공하지 않는다. 그것은 흔적으로써 미로이다. 주체의 바깥에 빗금으로 균열을 내고 "미로의 퍼즐처럼 생명의 연기緣起가/무채색의 밑그림으로 실금을 긋고 있"(「흔적을 담다」)기도 하며 "초록의 대지를 지나고/오체투지로 떨어지는 유성우의 빗금처럼/묶은 것을 털어내고 비워내는 시기/수반 속 수련처럼 가벼워지"(「수련」)면서 우리 앞에 순간적으로만 현현한다. 그것은 그 순간을 제외하고는 어떠한 균질함도 허락하지 않는 침묵 속에 있다. 그 침묵은 어둠의 빛깔을 가진다. 그러한 점에서 주영희의 시는 이러한 어둠 속에서 순간순간 되살아오는 주체의 바깥을 새기는 언어 작업으로 나아가는 것이다. "어둠 속에서 창백해진 창은 수척한 시간을 조각하고 있어요"(「시간을 조각하다」)라는 표현 속에 함의된 것이 바로 이러한 의미인 것이다.

이러한 흔적에 대한 시적 탐구의 경로들은 주영희가 시에 도입하는 회화들에서 순간순간 그 모습을 드러낸다. 앞서 비판적으로 전유된 오피의 작업은 물론이고 인상주의나 입체주의 등을 가리지 않고 인용되어 오는 회화들에서 그 흔적들을 찾아내고 있는 것이다. 반 고흐(「별이 빛나는 밤」)나 샤갈(「초록 눈의 집」), 로스코의 드로잉(「흔적을 담다」), 칸단스키나 몬드리안에 대한 언급(「내, 별서정원에는 가문비나무가 산다」) 등은 물론이고 장옥진 화백의 회화(「진진묘」)에 대한 시적 탐구는 이러한 흔적의 경로를 추적하는 작업이다. 물론 '부감법'이나 '진경산수화'와 같은 회화기법에 대한 관심도 이러한 연장선에 있다. 일견 비일관적인 이러한 작업들은 흔적을 조감하기 위한 시적 모험의 경로인 것이다.

이러한 흔적들에 대한 탐구는 주체가 자기의 내면성을 탈환하기 위한 시적 작업의 지난한 투쟁의 흔적이기도 하다. 매끄러움에 균열을 내는 그 흔적은 우리를 우리가 감각하게 볼 수 있게 하는 눈이다. 주영희는 이 눈의 지평에 "빗방울"이나 "수련" 혹은 "창의 얼룩" 등으로 나타나지만 눈 그 자체로 묘사되기도 한다. 샤갈의 그림 「초록 눈의 집」을 시적 탐구의 대상으로 삼는 시에서 그것이 극명하게 나타난다. 샤갈의 회화를 경유하여 우리 앞에 나타나는 흔적의 표상인 눈은 "수호신의 눈동자"이다.

> 사물을 비추는 시간이
> 낮과 밤 사이로 모호해지고
> 수호신의 눈동자가 현현한다
>
> 젖어 든 물색이
> 푸른 이끼처럼 연기처럼 번져간다
> 오두막을 바라보는 눈동자
> 마당에서 놀라 달아나는 닭과
> 오리의 하얀 깃털 속으로 스며든다
>
> 부풀어 오른 젖을 짜는 여인에게
> 염소가 흰 이빨을 드러내고
> 쏟아지는 푸른빛이
> 우유 통 속에서 출렁인다
>
> 지켜보는 눈동자가 고요하다
> ―「초록 눈의 집」 부분

이 시에 나타나는 "수호신의 눈동자"는 주체가 근원적으로 추구하는 장소인 집에 나타난다. 그 눈은 불투명한 타자성이 우리 앞에 나타나면서 등장한다. "사물을 비추는 시간이/낮과 밤 사이로 모호해지"는 순간은 비일관적이고 불투명함이 나타나는 순간을 의미한다. 이 불투명함은 "젖어 든 물색이/푸른 이끼처럼 연기처럼 번져"가는 것에 의해 강화된다. 이 불투명함은 우리에게 일종의 경외나 공포를 일으킨다. "마당에서 놀라 달아나는 닭과/오리의 하얀 깃털 속으로 스며든"는 그러한 감각을 환기한다. 그러나 이 감각은 동시에 우리에게 풍요로움을 가져온다. 왜냐하면 이러한 불투명함 속에서만 주체의 자리에서 "젖"이 "부풀어 오"르듯이 풍요를 환기하기 것이 있다. 주체는 이 불투명함 속으로 자신의 손을 뻗고 아직 맛본 적 없는 삶의 힘을 맛보기 위해 나서기 때문이다. "염소가 흰 이빨을 드러내고/쏟아지는 푸른빛이/우유 통 속에서 출렁인다"라는 묘사에는 이러한 불투명한 순간의 특성이 압축되어 있다. 이때에 "우유 통 속에서 출렁"이는 풍요는 결코 매끄럽지 않고 거칠다. 그것은 동요하면서도 흘러넘치며 바로 그렇기 때문에 풍요롭다. 이 풍요를 보라고 "수호신의 눈동자"는 고요히 우리를 이끈다. 강렬한 풍요의 운동, 그것은 고요한 눈동자의 시선으로 결집되어 우리 앞에 시화한다.

이 눈은 반 고흐가 보았던 성좌이기도 하다. "낮은 언덕/밤하늘에 노랗게 별이 익어간다/불꽃처럼 터지며 빙글빙글 원무를 춘다"고 묘사한 그 성좌의 모양은 "수호신의 눈동자"와 동일한 차원에 있다. 그 눈은 "출렁거린다/거칠게 덧칠한다/붓끝에서 퍼지는 소용돌이"(「별이 빛나는 밤」)이다. 우리에게 타자성을 불러들이고 불투명함을 감내하고 보도록 이끄는 "눈동자"는 "소용돌이"이다. 이 "소용돌이"가 바로 우리의 내면성을 가능하게 해주고 주체를 타자성의 세계로 인도하는 힘이다. 이 힘은 고요하면서 그 고요함으로 질문하는 "소용돌이"이며 우리의 현대적 삶의 균질화된 매끄러움에 균열을 내는 거센 압력이다. 그것은 매끄러움의 데이터로 전환되지 않고 끝까지 우리의 삶에 남아있는 살아있음 그 자체의 역동이다.

주영희는 이 지점에서 이 "소용돌이"가 흔적이며 우리를 보는 "외눈"이고 "의문"임을 현시하는 것을 통해 시적 주체의 자리를 회복한다. 삶이 근본적으로 "해독되지 못한 문장"과 같음을 말하면서 말이다. 이를 통해 우리는 우리 안에 내면의 자리를, 우리의 바깥을 회복한다.

    흑과 백의 대칭
    식탁을 보면 너무 깨끗해
    귀가 고요해진다
    귀가 무기력해진다
    단단한 벽은 말을 삼키고
    하얀 식탁보 위
    접시에는 음식이 없다
    포크와 나이프가 나란히 누워 있다
    빈 술잔과 술병이 식탁을 내려다보는 정경
    정물이 적막을 흘리고 있다

    동공이 커지는 눈
    접시 위에 떠 오른 눈빛이 수상하다
    팬케익이 외눈을 뜨고 있을 때
    한숨 쉬는 구멍 속에서 의문이 자란다
    잃어버린 눈 하나가 생각을 한쪽으로 기울인다
    고요는 천장과 벽 사이에 침묵을 삼키고
    벽 속으로 질투를 저장한다
    해독되지 못한 문장들이 의문부호로 빗장을 건다

실눈을 뜨는 블라인드 창밖을 탐색한다

외눈의 시선이 흔들리고 있다

— 「식탁 위에 의문이 살고 있다」 전문

  시에서 주체는 식탁을 마주하고 있다. 식탁은 간결하게 정돈되어 있다. 흑백의 구분과 포크와 나이프의 배열이 매끄러운 흰 식탁보 위에 펼쳐져 있다. 접시도 비어서 식탁보의 매끄러움을 강조한다. 식탁 위에 있는 모든 매끄러움은 비어 있다. 이 텅 빔은 현대의 우리를 구성하는 요소이다. 우리는 이 텅 빔으로 인해 매끄러워지고 투명해졌다. 우리의 삶은 균질화되고 어떠한 차이도 없이 "정물"이 되었다. 그 속에서 우리가 느끼는 것은 "무력함"이다. 이것이 우리가 현대에 겪고 있는 모든 감정의 근원이다. 매끄러움은 모든 주체를 균질화하면서 주체를 추방한다. 여기서 주체의 자리에 남겨진 것은 매끄러움을 재현하는 단말로의 역할 뿐이다. 주체는 이제 스스로 가능성을 펼치지 못한다. 때문에 우리는 우리 앞에 도착하는 매끄러움의 서비스에서 무력함을 느끼는 것이다.

  무력함, 여기서부터 빠져나갈 수 있는 힘은 어디서 오는가? "무력함"을 벗어날 수 있는 바깥은 어디서

오는가? 이 시에서 주체는 매끄러운 식탁과 접시 위에 그늘이자 얼룩인 "외눈"을 들여오는 것으로 바깥의 가능성을 연다. "한숨 쉬는 구멍 속에서 의문이 자란다/잃어버린 눈 하나가 생각을 한쪽으로 기울인다"는 우리 안에 떠오른 의문이 매끄러움의 순간을 허무는 자리를 보여준다. 의문이 바라보는 "한쪽"은 식탁의 텅 빔과는 다른 바깥으로 눈길을 유도한다. 바깥을 가리고 있는 "블라인드"도 이러한 시선의 지평을 막지 못한다. 흔적의 의문은 우리를 둘러싼 매끄러움의 바깥으로 나아가도록 이끈다. 이것이 시를 통한 주체의 회복이다. 이 회복을 통해 우리는 바깥으로 향한다. 그리고 이 향함 속에서 어떤 소리를 듣는다. 그것은 소음으로 다가온다. 매끄러움 속에서 겪는 우리의 방향상실의 감각을 깨우며 두드리던 "빗소리"와 같은 소음이다. 그리고 바로 이 소음이 우리 자신을 이끄는 힘이다.

> 엎질러질 조각들 슬픈 예감을 준다
> 열리지 않는 문 앞에서 늘 엎어지고
> 물고기의 부레처럼 우 - 우- 우는 날
> 상큼한 레모네이드 맛을 잊은 지도 오래다

일상을 흔들어 미끄러지는 뜨락으로

바람의 변주는 수시로 삶을 바꾸어 놓고

떠오른 생각들도 흰 구름처럼 흩어져 버린다

젖지 않기 위해 달린다

가장 큰 데시벨로 두드려보는 수많은 빌딩

문밖에서 목젖이 다 젖도록 벽을 향해 소리친다

자소서의 젊은 초상!

　　　　　―「세상에서 가장 큰 데시벨」 부분

이 시에서 주체는 삶의 근본적인 광포함에 마주한다. 현대사회의 청년주체들이 겪는 취업난을 소재로 하고 있기에 그러한 정조가 기반을 이루지만 이 시는 단순히 청년주체들이 겪는 고통을 재현하는 것에서 그치지 않는다. 이 시에서 주체는 매끄러움의 사회에서 추방된 주체들의 근원적 문제가 이들의 상황과 깊은 연관이 있음을 환기하고 있기 때문이다.

매끄러움의 사회인 현대에서 잉여가 되는 존재들은 매끄러움 속에서 추방된다. 그들은 이 추방으로 인해 파편화된다. 그런데 이들은 바로 이 추방으로 인해 오히려 매끄러움의 성문 앞에서 주체로 선다. 그들 주체는 그 앞에서 거칠고 깨진 주체의 순간들, 즉 삶의 파편들을 마주한다. 그리고 그 파편을 끌어안는다. 주체의 이력은 조각나 있으며 그 "조각들"은 "엎질러질" 것이다. 그것은 "슬픈 예감"만을 준다. 그 자리에서 주체는 "열리지 않는 문 앞에서 늘 엎어지고"는 하는 실패를 경험한다. 이 실패는 현대의 매끄러움 속에서는 자리를 잊은 진정한 삶의 지평이다.

매끄러움은 모험을 허락하지 않는다. 매끄러움은 모험 대신 어떠한 실패도 진정으로 경험할 수 없는 게임을 제공한다. 게임에서 실패는 사라진다. 우리는 언제든 게임의 어플리케이션을 지우고 다른 게임을 선택할 수 있으며 모험이 주는 상처 대신 공략법 서비스를 제공받을 수 있다. 매끄러움의 데이터들 속에서 주체는 "일상을 흔들어 미끄러지는 뜨락으로/바람의 변주는 수시로 삶을 바꾸어 놓고/떠오른 생각들도 흰 구름처럼 흩어져 버"리는 삶의 구체적 순간들을 마주할 수 없다. 시에서 묘사되는 삶의 수난으로 인한 고통들은 주체가 겪는 가장 강력한 고유한 경험이다. 그 경험이 바깥을 연다. 그것이 실패다.

실패는 바깥이다. 시도한 자만이 바깥을 열고 바깥으로 나아간다. 그 과정이 실패라 할지라도 주체는 나아간다. 그 나아감 속에서 바깥에서 주체는 주체의 새로운 지평을 밝힐 수 있다. 그것은 운명을 향해 나아가는 주체의 가장 강력한 의식이다. 그것은 "울음"으로 나타나는 순간에도 주체가 서 있는 자리를 흔드는 힘을 지닌다. "가장 큰 데시벨로 두드려보는 수많은 빌딩/문밖에서 목젖이 다 젖도록 벽을 향해 소리친다"에서 나타나는 표현적 강렬함은 이 힘에 발딛고 있다. 이 힘은 앞서 우리가 마주했던 "눈동자", 즉 "소용돌이"이다.

"소용돌이"의 힘은 주체를 매끄러움에 편입되도록 이끄는 대신 그것을 넘어선 새로운 지평의 가능성을 연다. 이 힘은 매끄러움에 기반한 사회에서는 소음으로 받아들여진다. 그러나 이러한 소음은 진정으로 주체가 내는 소리이다. 이 소리는 매끄러움이 은폐하고 있는 현대사회의 방향상실 문제를 폭로하고 새로운 가능성을 모색하도록 추동하는 목소리이다. 그것은 근원적인 가능성으로의 모험을 추동하는 삶의 목소리이다. 이 목소리는 "우주를 다 흔들 것처럼 첫울음으로 와 직립으로 일어서는 행보가/우리의 정원을 가득 채울 때/생은, 알 수 없는 미지와 질문으로 가득했습니다"(「벚꽃 엔딩」)라고 노래할 때 우리가 마주할 수 있는 그러한 질문의 목소리이다. 세계를 감내하고 세계를 끌어안으며 삶을 가능성의 지평으로 여는 힘이다. 매끄러움의 바깥에서 시작하는 노래를 부르는 목소리가 바로 이러한 목소리이다.

주영희의 시는 시를 통해 삶이 우리를 부르는 근원적인 가능성 앞에 서게 한다. 그 목소리는 우리를 끝에서 돌아오게 하는 힘을 가지고 있다. 이 목소리는 "깊은 밤 바오바브나무가 별의 눈물을 닦아주는/긴 시간 동안"(「물의 정원」) 우리 곁에서 함께 울어주는 울음의 목소리이다. 그 목소리는 "더 이상 걸어갈 수 없다는 세상의 끝/우수아이아로 가는 길"(「루비콘강」)에서도 삶의 지평을 향해 나아가도록 이끄는 시적인 힘이다. "소용돌이"이며 그 힘으로 움직이는 거친 "눈"이며 고요의 소음인 힘이다. 그것은 주체를 바깥으로 이끄는 바깥의 힘이다. 이 가능성은 모든 것을 동일화하는 매끄러움의 세계에서 포획되지 않는 삶의 희미한 빛이다.

이 빛은 동일성에 저항하는 빛이다. 아도르노는 자신의 『미학이론』에서 "보편적인 동일성의 속박 속에서도 사물에 남아있는 비동일성"이 미학의 근간이라고 논한 바 있다. 동일성에 저항하는 빛이 미학의 근건이라고 볼 수 있다면 시는 바로 그것을 근본적으로 추구하는 예술이다. 즉 시는 이 희미한 빛을 좇는 노래라는 말이다. 주영희 시인은 이번 신작시집 『가문비나무가 연주하는 초록의 칸타빌레』에서 이를 자신의 시적 영토 속에 불러왔다. 현대의 매끄러움은 온갖 잡다함으로 우리의 눈과 귀 앞에서 이 희미한 빛의 노래를 가리려고 할 것이다. 노래는 언제나 침묵 속에서 바람처럼 일어난다. 그것이 시가 여전히 "초록의 칸타빌레"일 수 있는 이유일 것이다. 주영희의 시들에 우리가 귀를 기울여야 할 이유가 바로 여기에 있다.